MÉMOIRE

SUR LA

RÉTRACTILITÉ DES TISSUS

DANS LES AMPUTATIONS.

DÉDUCTIONS QUI EN DÉCOULENT POUR LE MANUEL OPÉRATOIRE

PAR

M. MICHEL,

Professeur agrégé et chef des travaux anatomiques.

STRASBOURG,

IMPRIMERIE DE G. SILBERMANN, PLACE SAINT-THOMAS, 3.

1853.

MÉMOIRE

SUR LA

RÉTRACTILITÉ DES TISSUS

DANS LES AMPUTATIONS.

Si la perfection dans les amputations consiste à conserver une quantité de parties molles suffisant à recouvrir la surface de section, il faut convenir que ce résultat ne s'obtient pas facilement, malgré son apparente simplicité, et le degré de perfectionnement auquel semble être arrivée cette partie de la médecine opératoire. On s'en convaincra aisément en suivant les élèves au début de leur carrière, en voyant agir la plupart d'entre eux, lorsque, reçus docteurs, ils ne trouvent qu'à de rares intervalles l'occasion de mettre leur art à profit, et peut-être même des chirurgiens plus habiles, en consultant leurs souvenirs, trouveraient-ils moyen de soutenir l'opinion que j'avance.

Nul doute cependant que l'habitude donne à l'œil et à la main cette sûreté qui, en nous garantissant des fautes, nous dispense d'user de précautions devenues inutiles à notre expérience.

Aussi ce mémoire s'adresse-t-il surtout à ceux qui abordent cette partie pour la première fois, ou qui ne trouvent pas sur leur chemin de quoi les sauvegarder de fautes dues au manque d'occasions propres à nous rompre

1.

aux difficultés. Je serais heureux toutefois, si, dans mon travail, je pouvais laisser percer quelques idées dignes de l'attention de ceux qui cultivent avec succès la science chirurgicale.

Recherchons donc les difficultés de l'exécution des amputations, les causes qui les produisent, et les moyens mis aujourd'hui en usage pour les surmonter. Les résultats obtenus à l'amphithéâtre nous instruisent mieux que toutes les digressions possibles. Il est peu d'élèves, sur un très-grand nombre, qui parviennent, même après de longs exercices, à tailler une quantité de parties molles capables de recouvrir l'extrémité du moignon. Presque toujours elle est insuffisante, très-rarement trop longue. Si de la quantité nous passons à la forme, c'est pis encore; non-seulement les lambeaux sont trop courts ou trop longs, mais encore effilés, étroits, et à peine aptes à recouvrir une partie de la surface voulue. Cet examen suffit pour démontrer que la difficulté est tout entière dans l'obtention de deux surfaces, dont l'une sert à recouvrir l'autre. On ne saurait invoquer comme cause la résistance des parties sur lesquelles on agit; l'épithète de *molles*, servant à désigner leur nature, indique assez que l'instrument tranchant peut aisément tracer sur elles, à notre volonté, de grandes ou de petites étendues. Il y a donc un autre élément: c'est leur rétractilité, fait assez mal connu et plus mal apprécié encore dans ses résultats, d'autant plus que les parties molles se composent de tissus anatomiquement et physiologiquement différents. Elles renferment, en effet, de la peau et des muscles. Or, la rétractilité s'exerce dans la première dans de certaines limites appréciables; dans les seconds, au contraire, elle varie à l'infini. Et, chose singulière, on a, sans le prouver, subordonné la rétractilité de la peau à celle des muscles: assertion au moins exagérée, comme nous le démontrerons par l'anatomie et l'expérimentation directe. La rétractilité de la peau dépend de sa structure, dont les effets sont en raison directe de la laxité de ses adhérences avec les aponévroses subjacentes. Celle des muscles est le fait de leur élasticité et de leur contractilité propres. Au point de vue de la médecine opératoire, il serait très-important de connaître complétement son action.

Sans cette circonstance, on pourrait apporter dans les amputations une rigueur mathématique, puisqu'en somme il s'agit de surfaces à recouvrir.

Si des difficultés et de leurs causes nous passons aux moyens mis en usage pour les surmonter, nous ne serons pas peu surpris de voir la plupart des chirurgiens prendre pour guide opératoire les éléments les plus variables ; ainsi, les uns se fient à la laxité des adhérences des téguments ; les autres, et c'est le plus grand nombre, s'abandonnent à la rétractilité des muscles. Quelques chirurgiens veulent bien user des mesures ; mais, comme ils ne se sont pas rendu un compte exact des causes d'erreur, la majorité les repousse comme un bagage inutile, d'autant plus qu'elle est pénétrée de l'importance du rôle des muscles dans cette sorte d'opérations. Frappé du vague dans lequel se trouve depuis si longtemps cette partie si importante de la médecine opératoire, il m'a semblé que l'on pourrait arriver à des données plus positives, si on étudiait préalablement la rétractilité en elle-même, pour soumettre la variabilité de ses effets à quelques règles fixes. Sûr de ce côté, la mensuration alors reprend le dessus avec toute la certitude mathématique ; et dès lors il devient possible dans l'enseignement des élèves de fournir à leur esprit quelques données exactes, au lieu de cette incertitude désespérante pour celui qui enseigne et pour celui qui doit apprendre.

Si nous en croyons les résultats obtenus jusqu'à ce jour dans notre enseignement, nous avons lieu de croire que nos efforts n'auront pas été inutiles ; et c'est même en partie pour répondre au vœu de certaines personnes que nous nous sommes laissé aller à la rédaction de ce mémoire.

Afin de mieux faire saisir notre pensée à cet égard, je vais brièvement exposer l'état passé et l'état actuel de cette partie de l'art opératoire, et, en troisième lieu, nos opinions, en rappelant les expériences desquelles elles sont déduites. L'ordre historique a l'incontestable avantage de nous faire assister à la naissance d'une idée, et de nous permettre de suivre son influence.

Première période. La chirurgie ancienne, jusqu'à J. L. Petit inclusivement, se sert d'une des conditions qui favorisent plus ou moins la rétractilité de la peau, son glissement sur les surfaces qu'elle recouvre. Ceci ressort du *Manuel opératoire*, décrit par AMBROISE PARÉ (liv. XII, chap. XXX), qui recommande expressément de tirer la peau et les muscles en haut et de serrer fortement le membre un peu au-dessus du lieu où doit se faire l'amputation, «afin qu'après l'œuvre, ils recouvrent l'extrémité des os qui auront été coupés.» Il complétait son idée en employant dans le pansement quatre points d'aiguille en croix aux lèvres de la plaie, pour ramener les chairs et les remettre au même état où elles étaient avant la rétraction (chap. XXXIII). Il serait oiseux aujourd'hui de démontrer l'inefficacité de ces moyens.

J. L. PETIT, bien que marquant un progrès dans le *Manuel opératoire des amputations*, se guida aussi sur le glissement de la peau; seulement il en calcula d'avance le résultat, en fixant la section circulaire à un pouce au-dessous du point où l'os devait être scié, section circulaire qu'il exécutait avant de faire tirer en haut les téguments. On trouve son procédé décrit dans son *Traité des maladies chirurgicales* (t. III, p. 153). Ce chirurgien, comme il l'avoue lui-même, était arrivé à son amputation en deux temps, après avoir reconnu l'inutilité du procédé ancien. Cette manière d'agir renfermait des erreurs dues à la détermination d'une longueur absolue et qui ne pouvait suffire à tous les cas, d'autant plus que, par le seul fait de l'incision circulaire, la peau revenait sur elle-même de 1 à 2 centimètres, suivant la région où l'on agissait. Aussi de nombreux insuccès devaient-ils engager les successeurs à chercher dans une autre direction.

Née des dangers mêmes auxquels exposait la méthode circulaire d'alors, la méthode à lambeau fut introduite dans la science et resta bornée entre les mains de quelques chirurgiens. Ce nouveau moyen, manquant de base doctrinale, ne frappa pas les esprits, et il ne fallut rien moins que le jugement favorable de certains membres influents de l'Académie de chirurgie pour lui assurer un avenir qui devait grandir plus tard, à mesure que son emploi se rattachait à quelques idées chirurgicales importantes.

La *deuxième période* commence à LOUIS et s'étend jusqu'à nos jours. Elle se règle sur la rétractilité musculaire.

Instruit des nombreux insuccès auxquels donnaient lieu les moyens suivis jusqu'à lui, et, d'autre part, guidé par de fausses idées sur la cicatrisation des plaies, Louis conçut *à priori*, plutôt qu'il ne le démontra, que les muscles étaient la cause de ces revers, et qu'en eux se trouvaient le moyen d'y remédier. Il développa ses idées dans des travaux publiés dans les *Mémoires de l'Académie de chirurgie,* et surtout dans celui portant pour titre: *Mémoire sur la saillie des os après l'amputation des membres, sur les causes de cet inconvénient, les moyens d'y remédier et ceux de les prévenir* (t. II, p. 185, et t. IV, p. 159).

Ce travail peut se résumer dans les propositions suivantes : 1° la peau ne peut servir à la cicatrisation qu'autant qu'elle ne dépasse pas le niveau des chairs; 2° elle ne peut pas prévenir la saillie des os; 3° la contraction musculaire est la cause réelle de la saillie des os après l'amputation; 4° il faut dans les amputations beaucoup moins se préoccuper des téguments que de conserver une quantité plus considérable de masses musculaires; ainsi, ajoute-t-il, «la saillie des os n'aura jamais lieu.» Comme conséquence, amputation en deux temps; premier temps : section des muscles superficiels et de la peau; deuxième temps : section des muscles profonds jusqu'aux os. Le système musculaire devint pour l'illustre membre de l'Académie le point central sur lequel venaient converger toutes les questions relatives aux amputations, et leur contractilité fut pour lui un moyen de guider son *Manuel opératoire,* de décider même du choix des méthodes, comme on peut s'en convaincre en lisant son deuxième *Mémoire sur l'amputation des grandes extrémités* (t. II, p. 259).

S'il est juste de dire que ses idées sur le rôle des téguments dans la cicatrisation du moignon n'ont pu survivre à l'épreuve du temps, il n'est pas moins réel d'ajouter que ses vues sur le système musculaire sont entrés depuis cette époque dans le domaine chirurgical, et qu'aujourd'hui même un bon nombre sont en pleine vigueur. En effet, la simplicité de ces vues, l'apparence de leur réalité, frappèrent alors, comme aujourd'hui, les esprits, et le contrôle n'a pas essayé de s'exercer sur elles. Bien que la méthode de Louis fût loin de mettre à l'abri de tout insuccès, on se garda bien de douter de l'infaillibilité du principe ; tout fut mis sur le compte du *modus faciendi.* Dès lors le génie chirurgical s'est exercé pour réaliser l'idéal de la pensée du maître, à varier le nombre, la position, l'inclinaison même des incisions musculaires. Ainsi, Portal, Valentin, Hey, imaginèrent de couper les muscles dans des positions variées, et, par une de ces bizarreries que l'on s'explique peu, pour arriver au même but, ils prirent des voies différentes ; il va sans dire qu'au point de vue de la doctrine, certains d'entre eux, comme Valentin, arrivaient juste à l'inverse de ce qu'ils pensaient obtenir. Alanson s'évertua à trouver un manuel opératoire plein d'originalités, mais aussi difficile dans son exécution qu'inutile pour les résultats. Enfin, le plus grand nombre des chirurgiens multiplièrent les incisions, dernier mode de faire généralement en vogue. Les trois incisions successives de Desault, peau, muscles superficiels, muscles profonds, ont réuni la majorité des suffrages, et sont indiquées de préférence dans les ouvrages classiques justement estimés de MM. Velpeau, Sédillot, Bégin, Lisfranc, Malgaigne, etc. ; toutefois ce dernier, pour ne pas rester inférieur à ses devanciers, adopta même une quatrième incision. Ajouterai-je que Dupuytren crut devoir un peu modifier la méthode de Desault, dans les dernières années de sa vie.

Si cette richesse d'invention témoigne de l'ardeur avec laquelle on s'est efforcé de suivre la voie tracée par l'illustre académicien, elle indique aussi que la contractilité musculaire, prise pour guide dans l'exécution opératoire, ne conduisait pas sûrement au but que l'on s'était proposé. Pouvait-il en être autrement en prenant pour base des amputations un élément aussi variable dans ses effets? Sous le joug d'une telle idée, le manuel opératoire ne pouvait et ne devait être livré qu'au hasard et à l'œil plus ou moins exercé de l'opérateur, et toutes les indications de cette école se résumaient dans le vague de ces deux conclusions : conservez des parties molles autant qu'il en faut pour recouvrir la surface de section; faites la section des chairs superficielles au niveau de la rétraction de la peau, et celle des chairs profondes au niveau de la rétraction des chairs superficielles.

Aussi les résultats produits sont-ils nettement formulés dans cette phrase de M. Philippe Boyer (annotation de la 5e édition, t. III, p. 134), qu'il n'avait vu ni entre ses mains, ni entre celles des chirurgiens qui l'avaient suivi, le moyen d'éviter la saillie de l'os. Je reviendrai plus loin sur la manière actuelle d'opérer.

Ce manuel opératoire, suivi par Louis et son école, était la conséquence de ces deux prémisses : 1° la contraction musculaire est la cause réelle de la saillie des os après l'amputation; 2° la peau ne saurait la prévenir.

Voyons jusqu'à quel point les idées sont justes; peut-être même parviendrons-nous à prouver qu'elles sont entachées d'erreur. Que restera-t-il alors de cette conclusion : *Préoccupez-vous moins dans les amputations de conserver les téguments que les masses musculaires et les procédés opératoires qui s'y rapportent?* Etablissons d'abord que les principes fondamentaux de cette doctrine sont encore aujourd'hui aussi nouveaux qu'au jour de leur apparition, depuis près d'un siècle d'existence. Quelques citations, empruntées aux ouvrages les plus courus, suffiront à prouver cette assertion. Ainsi, dans ses *Eléments de chirurgie* (t. II, p. 692), M. Bégin s'exprime ainsi : « La conicité du moignon est d'autant plus facile à se produire que le membre amputé renferme plus de muscles qui, passant d'une division de ce membre à l'autre, sont sans attache aux os divisés. On voit alors ces muscles se rétracter graduellement et entraîner avec eux la peau, et la plaie, de concave qu'elle était, devenir graduellement plane, puis saillante, puis offrant un cône allongé en pain de sucre, au sommet duquel se trouve l'os. » M. Sédillot (*Méd. opérat.*, p. 252), tient à peu près le même langage, quoique moins explicite : « La conicité du moignon est devenue assez rare, depuis qu'on divise les muscles beaucoup plus bas que l'os lui-même, et surtout depuis que l'on réunit immédiatement les chairs. Elle se produit par l'inflammation du moignon, la rétraction successive des chairs et la réunion médiate. » Je lis dans M. Velpeau (*Méd. opérat.*, t. II, p. 385) : « La conicité du moignon, suite presque inévitable de l'amputation d'autrefois, est devenue plus rare depuis les travaux de J. L. PETIT et de LOUIS; due en entier à la rétraction des muscles, il dépend de l'opérateur de l'éviter, à moins que la guérison de la plaie ne soit entravée. Le procédé de J. L. PETIT et de BRUNNINGHAUSEN, qui consiste à ne ramener que de la peau à la surface du moignon, passe pour moins efficace que ceux de LOUIS, d'ALANSON, de DESAULT, de DUPUYTREN; que tous ceux enfin qui consistent à couper les muscles adhérents sur l'os plus loin que les muscles libres; mais c'est une question à revoir.

Il serait superflu de multiplier les autorités. Notons, en passant, que M. VELPEAU, tout en acceptant nettement la cause, exprime un doute sur le choix des moyens propres à corriger ses effets.

La doctrine de la conicité du moignon attribuée à la rétraction musculaire supposait démontré un premier fait indispensable, à savoir : la subordination du retrait des téguments à celui des muscles. C'est une chose assez singulière que tous ces auteurs l'aient admis depuis LOUIS, bien que cette donnée ne reposât que sur une simple assertion. Je vais donc la soumettre au contrôle de l'anatomie et de l'expérimentation.

1° La subordination du retrait des téguments à celui des muscles est-elle démontrée par l'anatomie?

Il est clair qu'il ne peut être question ici que du rapport anatomique existant entre la peau et les muscles des membres. Or, pour que la peau pût obéir à l'action musculaire, il faudrait l'un ou l'autre de ces deux conditions, qu'elle fût en communication directe avec eux, ou par l'intermédiaire d'une partie également mobile. Il est inutile de dire que nulle part dans les membres le muscle s'insère à la peau directement, à l'exception du palmaire cutané, qui ne saurait entrer en ligne de compte. Par contre, certaines portions de muscle et même des muscles entiers viennent se fixer aux aponévroses d'enveloppe avec lesquelles la peau affecte les rapports les plus étendus. Ainsi, le biceps envoie une expansion aponévrotique à l'aponévrose de l'avant-bras ; celle du bras en reçoit une du long dorsal ; à la cuisse, l'aponévrose a son tenseur ; celle de la jambe se trouve renforcée par des expansions des tendons des muscles du creux du jarret, etc. La peau se trouve donc en rapport dans chaque segment des membres avec le système musculaire ; mais ce rapport ne se fait que par l'intermédiaire de parties immobiles ou à peu près par leurs nombreuses et solides adhérences aux os. Donc, l'anatomie ne paraît pas favorable à la subordination du retrait des téguments à celui des muscles.

Passons à l'expérimentation.

Je pourrais me borner à dire que dans les amputations sur le cadavre et même sur le vivant, il arrive parfois que la peau se rétracte plus que les muscles, et qu'en second lieu, la rétractilité cutanée dans les divers segments des membres n'est point proportionnée à celle des muscles. Mais je préfère instituer des expériences régulières. Bien que je les aie multipliées un grand nombre de fois, je me bornerai à citer une série, afin que l'on puisse juger si je me suis entouré de toutes les précautions propres à éviter les erreurs.

Amputations dans la continuité.

Cadavre d'une femme de cinquante-cinq à soixante ans. Peau souple, normale; son épaisseur, y comprise celle du panicule charnu, 0m,005 environ. Rigidité cadavérique sur son déclin.

Amputation circulaire de l'avant-bras gauche ; section osseuse à 0m,19 de l'apophyse styloïde du radius; circonférence du membre à ce niveau, 0m,25; section circulaire cutanée jusqu'à l'aponévrose. La rétraction est de 0m,02, se répartissant par moitié entre la peau située au-dessus et au-dessous de l'incision. Dissection de la peau jusqu'au point indiqué pour la section osseuse ; la rétraction totale, à ce moment, est de 0m,035, en déduisant 0m,01 pour la peau inférieure, il reste 0m,025 pour la peau supérieure, dont 0m,015 pour la dissection.

Section musculaire et aponévrotique. La rétraction n'a pas changé à la peau, et cependant les bouts de muscles sont distants de 0m,02.

Les mêmes expériences répétées sur les avant-bras et bras d'autres cadavres ont donné des résultats identiques. Il est bon d'ajouter que, dans aucun cas, je n'ai tiré la peau sur la partie supérieure, précaution qui, comme on le prévoit facilement, causerait des erreurs dans les résultats.

J'étais curieux de répéter ce fait à la cuisse que Louis avait pris pour exemple.

Cuisse gauche. Un clou est fixé à l'épine antéro-supérieure pour servir de point de repère. Section de l'os à 0m,33 de l'épine antéro-supérieure; circonférence du membre à ce niveau, 0m,32; section circulaire de la peau jusqu'à l'aponévrose, à 0m,40 de l'épine; le bord supérieur de l'incision remonte de 0m,01, rétraction de la peau; dissection de la peau à 0m,07 de hauteur; le bord supérieur remonte de 0m,02; il y a donc eu 0m,03 de rétraction.

Section des muscles superficiels et profonds. La rétraction de la peau ne change pas, et cependant les bouts des muscles superficiels sont écartés de 0m,03. Nous verrons plus loin, lorsque nous nous occuperons de la rétractilité de la peau, que des mesures prises d'une autre manière donnent le même résultat.

J'ai varié et multiplié ces expériences, et toujours j'ai obtenu, à peu de chose près, la même indépendance entre le retrait de la peau et celui des muscles.

Par des expériences comparatives, j'ai vu également que la rétraction de la peau était la même, lorsque la section portait isolément sur elle ou en même temps sur elle et l'aponévrose subjacente.

A la jambe, aux pieds, aux mains, mêmes résultats. Mais on pourrait supposer que la rétractilité du muscle mort n'était plus assez forte pour produire ses effets sur les téguments voisins[1]. J'ai cherché à remplacer cette condition en découvrant l'extrémité supérieure d'un certain nombre de muscles dans les divers segments des membres, sur laquelle j'exerçais des tractions telles que souvent même je l'ai rompue. En agissant ainsi sur les jumeaux à la jambe, sur les extenseurs, les radiaux et les fléchisseurs à l'avant-bras, je n'ai produit aucune rétraction de la peau. Ce résultat n'a pas été constant au bras et à la

[1] On se rappellera toutefois qu'entre cette expérience et la contraction physiologique du muscle il y a une très-grande différence, car le muscle se contractant garde ses rapports avec sa gaîne, et ici on les détruit complétement.

cuisse, en exerçant des tractions sur le biceps et le triceps dans le premier, et sur le couturier et le droit antérieur dans le second. Il est arrivé que, chez certains sujets, je produisais des rétractions de la peau de 0m,02 et 0m,03 maximum, tandis que chez d'autres je ne produisais rien. J'étais curieux de savoir à quoi pouvait tenir cette différence. En répétant ces expériences, j'ai vu que la rétraction se faisait chez les sujets maigres dépourvus de tissu graisseux, tandis qu'au contraire chez les individus gras, fortement musclés, l'effet était à peu près nul; où réside la cause de la différence dans les résultats? Elle est, selon nous, dans la laxité des aponévroses d'enveloppe qui doit avoir lieu dans le premier cas. Ce résultat m'a donné l'énigme de quelques faits cliniques analogues, où j'avais vu, chez des sujets maigres, malgré la suffisance primitive des téguments, l'os faire saillie quelques jours après l'amputation, bien que le moignon n'eût pas subi un gonflement susceptible d'expliquer cet accident.

On dit, et avec raison, en physiologie, que les muscles se rétractent en raison même de la longueur de leurs fibres: les plus favorisés sont donc ceux qui, passant au niveau des grandes articulations, s'étendent d'une division d'un membre à une autre, sans s'insérer sur les os correspondants. J'ai voulu savoir si cette particularité n'aurait pas quelque influence sur la question qui nous occupe. J'ai donc méthodiquement pratiqué les amputations dans la contiguité des articulations fémoro-tibiale, tibio-astragalienne, radio-carpienne et huméro-cubitale, soit en ménageant des lambeaux, soit en usant de la méthode circulaire.

Les plus fortes tractions exercées après coup sur le biceps fémoral, le demi-tendineux, le demi-membraneux, le droit antérieur, n'ont rien produit au genou; il en a été de même à la jambe pour les extenseurs et le triceps surral, et au poignet pour les fléchisseurs et extenseurs de l'avant-bras. Quant aux tractions exercées sur le biceps du bras, elles ont fait remonter les téguments de quelques centimètres. Ce fait a déjà été signalé par M. Souppart, qui en voit la cause dans l'expansion aponévrotique du biceps. En raison même de son étendue, je crois qu'il ne serait pas facile, en la coupant, de parer à cet inconvénient. Il serait plus sûr de couper le corps même du muscle à une certaine hauteur. Ce n'est pas sans surprise que j'ai vu, dans certain mémoire récent, la méthode à lambeau antérieur accusée de l'accident de la saillie des os après la désarticulation du coude. Sans doute, leur auteur ignorait la disposition anatomique précédente, et son rôle identique dans la méthode circulaire.

On voit, d'après ces données expérimentales, qu'il n'est pas juste de subordonner d'une manière générale la rétraction de la peau à celle des muscles, puisque ceci n'a lieu qu'exceptionnellement au bras et à la cuisse, et seulement lorsqu'on exerce les tractions les plus violentes sur les attaches supérieures des muscles; au contraire, si l'on se borne à étudier l'effet de la rétractilité musculaire du cadavre, l'effet est nul. Bien que les bouts de muscles coupés s'écartent de $0^m,02$ à $0^m,04$, il me paraît possible de tirer cette conclusion : que la saillie des os après les amputations doit plutôt être attribuée au manque de téguments qu'à la contraction musculaire.

Acceptons un instant la doctrine de l'école de Louis, et voyons si la conservation d'une longueur en plus de $0^m,02$ à $0^m,03$ de muscles aura de l'influence sur la saillie des os. Je lis dans l'ouvrage de M. Boyer (*loc. cit.*, p. 154), qu'un moignon creux sur le vivant au moment de l'opération n'avait plus cette forme le lendemain, que ce fait s'est présenté souvent à son observation dans l'amputation de la cuisse. Les expériences physiologistes que je rapporterai plus bas confirment cette donnée de la pathologie; elles prouveront, en effet, qu'un muscle coupé et libre peut se rétracter jusqu'au 5/6 de sa longueur, maximum dont nous n'avons pas besoin. Dans une dissection d'un moignon de la cuisse, opérée par le lambeau antérieur depuis deux ans, j'observe ce qui suit : les muscles couturier et droit antérieur sont remontés de $0^m,03$ à $0^m,04$ au-dessus de l'extrémité osseuse. Je sais qu'au moment de l'opération on en avait conservé une grande longueur dans le lambeau, en sorte que leur rétraction définitive peut être évaluée à $0^m,12$ ou $0^m,14$. Par l'étude de cette pièce, je serais tenté de dire que cette rétraction est le fait de leur longueur, puisque les muscles de la partie postérieure, qui ont été coupés au niveau de la section osseuse, sont remontés un peu moins haut que les premiers. Donc, la conclusion pratique tirée de la doctrine de Louis ne saurait résister à un examen sérieux. Elle est contraire aux données positives de la physiologie, de la clinique et de l'anatomie pathologique.

Après cela, il est remarquable que tous les chirurgiens admettent que, si la saillie des os après les amputations est moins fréquente aujourd'hui qu'autrefois, ceci tient à la manière de couper les muscles. Ils oublient tout à fait qu'en agissant ainsi, on conserve beaucoup plus de téguments que par les procédés anciens, tant une idée admise a d'influence sur notre manière d'expliquer un résultat.

Il était intéressant de savoir si les expériences cadavériques ne pourraient pas être confirmées par la clinique. La désarticulation du genou avec conservation de la rotule m'a paru se prêter à cette démonstration. J'ai vu deux fois M. Rigaud faire avec succès cette opération par le procédé de M. Velpeau (ces deux observations sont relatées dans la thèse de M. Liebault, *Sur la désarticulation fémoro-tibiale*). La peau, malgré une escharre assez étendue, a pu subvenir aux frais de la cicatrisation; et cependant, dans les deux cas, la rotule était remontée; sur l'un des deux opérés, cet os s'élevait à $0^m,09$. Il est évident pour moi que, si la rétraction de la peau du genou était subordonnée à celle des muscles, jamais la peau n'eût pu suffire à la cicatrice dans de telles conditions.

J'ai eu occasion de voir trois fois à la suite d'amputations de la cuisse et de la jambe des mouvements convulsifs des muscles du moignon, sans le moindre effet sur les téguments. Je ne prétends pas nier d'une manière absolue leur influence sur la saillie des os, non plus que celle de certaines causes pathologiques, comme l'inflammation, la suppuration, la gangrène du moignon, etc.

Maintenant que l'anatomie, d'accord avec l'expérimentation cadavérique, et les données de la clinique ont mis en évidence l'exagération de la doctrine précitée, il me serait facile de prouver que la physiologie des muscles tend au même but. Je vais revenir plus bas sur ce nouvel ordre de preuves.

Louis, en posant en principe que les masses musculaires seules pouvaient s'opposer à la saillie des os après les amputations, avait donné du premier coup à son idée la plus grande extension possible. Dès lors, la conicité du moignon après la guérison, le rôle des muscles dans la cicatrisation, n'étaient plus que des corollaires obligés de la formule primitive. Voyons s'il ne nous serait pas possible de montrer une fois de plus la réalité de cette donnée de la logique, que d'une prémisse fausse découlent des conséquences erronées. Ecoutons d'abord ce que dit le savant académicien des causes de la conicité du moignon (*loc. cit.*, p. 197) : « La saillie des os n'aura jamais « lieu, tant qu'ils seront immédiatement environnés par « les masses charnues des muscles ; cette proposition est « incontestable : *L'état de la peau plus ou moins longue* « *ne fait rien à cette saillie* ; nous l'avons prouvé. Ainsi, « les précautions de la tirer en haut et d'en conserver le « plus qu'il est possible ne préviendra point cet inconvé- « nient. On ne le voit ni à la jambe, ni à l'avant-bras, « parce que la plupart des muscles que l'on coupe sont « adhérents aux os et contenus par des aponévroses qui « les fixent dans leur situation. Dans l'amputation du bras, « il n'y a que le muscle biceps qui puisse se retirer vers la « partie supérieure. Le bout de l'humérus reste toujours « enveloppé des muscles brachiaux et des extenseurs re- « tenus et fixés par leur adhérence à l'os même. De là la « facilité de guérir les amputations du bras, sans que « l'os s'exfolie. Il n'en est pas de même à la cuisse ; il n'y « a que le muscle crural qui soit fixé à l'os dans toute « son étendue ; mais ce muscle est très-mince, ses fibres « sont courtes et convergentes à son axe, qui est parallèle « à celui de l'os. Les muscles vaste-interne, vaste-externe « et triceps ont aussi des adhérences au fémur, mais ils « n'y sont attachés que par leur bord intérieur. Le plan « de ces masses musculeuses est libre et assez large, et par « conséquent capable de changer de direction et de faire « des plis après leur résection ; tous les autres muscles « sont séparés les uns des autres, de même que les pré- « cédents, par le tissu cellulaire. Il n'y en a aucun qui, « dans sa direction, soit parallèle à l'axe du fémur ; tous « le coupent par des angles plus ou moins aigus. De là il « arrive que, quand ces muscles sont divisés, ils changent

« de direction ; rien ne les maintient pour former une « surface égale à l'extrémité du moignon. J'ai examiné « les choses de près sur les cadavres, et je me suis rappelé « à ce sujet les amputations de cuisse que j'ai faites et le « nombre beaucoup plus grand de celles que j'ai vu faire. « Je ne crois pas qu'il puisse y avoir aucun doute sur ce « fait. Je suis de même persuadé qu'il n'y a aucun moyen « d'empêcher ce changement de situation des muscles de la « cuisse après l'amputation de cette partie ; mais il me semble « qu'il y en a un fort simple de prévenir les mauvais effets « de ce changement par rapport à la saillie de l'os. »

Si l'auteur a été heureux dans l'exposé minutieux des détails anatomiques, propres à expliquer la conicité du moignon dans les divers segments des membres, il n'a pas eu le même bonheur, à notre avis, en déclarant qu'il y avait un moyen fort simple de parer à cet inconvénient, moyen qui consiste à couper les chairs profondes plus haut que les chairs superficielles. Car il ne suffisait pas d'énoncer que les chairs ainsi conservées s'opposaient efficacement à la conicité du moignon ; il fallait prouver, lorsque celle-ci n'existait pas, que les muscles entraient dans la composition des parties molles entourant l'extrémité osseuse. Ces preuves ne pouvaient plus, comme on le pressent bien, être demandées à l'expérimentation cadavérique ; il fallait avoir recours aux données fournies par la physiologie des muscles et par l'anatomie pathologique des moignons d'une certaine durée.

1° *Données physiologiques.* S'il est vrai de dire que dans les manœuvres faites sur le cadavre, on obtient facilement ce cône creux si convoité des chirurgiens, en est-il de même sur le vivant quelque temps après l'opération ? La réponse ne saurait être douteuse. En effet, dans les observations de M. Rigaud citées plus haut, la rotule était remontée de $0^m,09$, obéissant à l'action du droit antérieur de la cuisse, du vaste-interne et du vaste-externe, ce qui donne, en supposant la longueur moyenne du premier égale à $0^m,40$, une rétraction d'un quart sur la longueur totale du muscle, et, remarquez bien cette circonstance, le muscle n'a pas pu donner tout ce qu'il possédait en raison des adhérences encore solides de la rotule au pourtour du bord supérieur du genou.

M. Philippe Boyer avoue que, pendant un certain temps, il ne vit que des moignons de la cuisse conique dès le lendemain de l'amputation, bien qu'il eût produit le cône creux au moment de l'opération.

M. Pirogoff (*De la section du tendon d'Achille*, p. 14) a vu que, si, après avoir fléchi le pied pour tendre les muscles du mollet, on coupe le tendon d'Achille, le bout supérieur seul en se retirant sert à la formation de l'intervalle, alors même que la position du pied ne change pas.

Ed. Weber (p. 106, *Handwœrterbuch der Physiologie*, herausgegeben von Rud. Wagner, article *Muskelbewegung*, vom Professor Ed. Weber in Leipzig, t. III, 2e partie. Brunswick 1846) a constaté le même phénomène chez des lapins vivants, auxquels il avait préalablement coupé le tendon du fascia lata qui va rejoindre le tendon d'Achille, et le nerf sciatique pour soustraire le mollet à la volonté. Les deux bouts s'éloignèrent considérablement, dit cet expérimentateur; il est à regretter qu'il n'ait pas pris ici de mesures exactes. Ce même observateur a mesuré la rétraction sur les muscles hyoglosses de la grenouille, et il a obtenu un maximum de 85 p. 100 et un minimum de 65 p. 100; la moyenne de 72 p. 100 exprime, selon lui, chez la grenouille le raccourcissement minimum d'un muscle médiocrement vivace; car, dans les expériences, le muscle était chargé d'un léger poids.

Valentin, de son côté, opérant sur des muscles séparés de leurs attaches terminales (*Lehrbuch der Physiologie des Menschen*, t. II, p. 162. 1844) et appartenant au lapin, au cheval et à la grenouille, obtient de 1/4 à 1/2 de raccourcissement. Il cite même Gerber comme ayant obtenu sur le rétracteur du pénis du cheval, détaché par les deux bouts, un raccourcissement de 5/6.

J'ajouterai enfin que Bernouilli l'admet de 2/11 à 1/5, en se basant sur le maximum d'abduction et d'adduction du globe oculaire.

Ces expériences variées établissent sans réplique le fait de la rétractilité musculaire. Elles prouvent en outre que celle-ci est d'autant plus considérable que les muscles sont livrés à eux-mêmes et sans obstacle. Or, d'après

Valentin, Gerber, Ed. Weber, elle peut aller à 1/4, à 1/2 et même à 5/6 de la longueur totale.

Et ces chiffres, bien qu'obtenus sur les animaux, nous paraissent applicables à l'homme, à en juger par cette rétraction de $0^m,09$ survenue dans un muscle en partie retenu. Du reste, pas n'est besoin dans la question qui nous occupe d'admettre les maximums, puisque, en nous bornant aux données moyennes de 1/4 à 1/2 par exemple, nous pouvons nous demander ce que feront deux ou trois doigts de plus de muscles conservés dans leur longueur pour s'opposer à la conicité du moignon, à coup sûr rien. Donc, la physiologie se refuse à l'application pratique des vues théoriques formulées dans le mémoire dont nous discutons la valeur.

Mettons en regard de ces expériences les résultats fournis par l'anatomie pathologique.

MM. Velpeau, Sédillot, Hutin et d'autres qui ont disséqué des moignons datant d'une certaine époque, signalent la disparition du tissu musculaire; mais, à cette citation trop générale, on pourrait reprocher de n'avoir pas tenu compte des cas où la conicité manquait. J'ai donc soumis ce côté de la question à de nouvelles recherches, et, à ce sujet, j'ai disséqué des moignons provenant d'amputations d'avant-bras, de bras, de jambe et de cuisse. Je ne relaterai pas tous les détails de la dissection, ce serait inutile. Le fait général, c'était la disparition plus ou moins complète du tissu musculaire, qui n'atteignait plus les extrémités osseuses. Cette atrophie portait sur toutes les fibres dépourvues du levier sur lequel elles agissaient. Elle était caractérisée par une dégénérescence graisseuse, se révélant à l'œil nu par un aspect jaunâtre des fibres musculaires restantes. Au microscope, on constatait: 1° que les faisceaux primitifs, comparés à ceux des muscles sains, étaient diminués de plus de moitié; 2° qu'entre les faisceaux se trouvaient déposées des cellules du tissu graisseux; 3° que dans l'intérieur des faisceaux primitifs s'était effectué un dépôt de granulations noirâtres et de petites gouttelettes à bords tranchés, probablement de nature graisseuse; donc, tout muscle inactif subit une dégénérescence atrophique progressive. Ce résultat me permettra de répondre à cette première partie de l'assertion de Louis, qui voit la cause de l'absence de la conicité du moignon à la jambe et à l'avant-bras *dans la persistance des muscles autour des os auxquels ils s'insèrent.* D'après ce qui précède, une telle supposition est inexacte, et la vraie cause réside dans la proportion qui existe dans ces régions entre les os, les muscles et la disposition des aponévroses. En effet, les os forment ici une bonne partie de l'épaisseur totale du membre, dans un sens surtout; d'autre part, d'un os à l'autre s'étendent des toiles fibreuses aponévrotiques qui forment des loges destinées aux fibres musculaires. Comme les os et les aponévroses ne subissent en général que des déperditions peu appréciables, il s'ensuit naturellement que la perte musculaire peut se produire sans se traduire à l'extérieur par une déformation sensible du membre.

Les moignons provenant d'amputation de cuisse sont au nombre de trois; deux appartiennent à la méthode à lambeau antérieur, l'autre à la méthode circulaire. Des deux premiers, l'un est conique, c'est à-dire que la peau reste seul pour couvrir l'extrémité osseuse, et sa circonférence est de moitié plus petite que celle du membre sain; le second, au contraire, forme un bourrelet fort épais au-devant de l'extrémité osseuse, et la circonférence est égale à celle du membre du côté opposé. Il provient d'une jeune fille amputée, il y a deux ans, par M. le professeur Sédillot. Il serait difficile d'obtenir un plus beau résultat. Eh bien, la dissection, au point de vue des muscles, ne m'a fourni aucune différence; seulement, dans ce dernier cas, toute la masse des parties molles était formée par un tissu cellulo-graisseux fort abondant, occupant toute l'épaisseur du lambeau jusqu'à l'os, et je suis certain qu'une grande quantité de muscles avaient été conservés au moment de l'opération.

Le troisième, provenant d'une amputation circulaire, avait également la forme conique; la cicatrice correspondait à l'extrémité osseuse, les muscles n'offraient aucune différence avec ceux cités plus haut, seulement il y avait absence de tissu cellulo-graisseux. La méthode employée peut-elle avoir une influence sur la production de ce tissu graisseux? Déjà les deux cas empruntés à la méthode à lambeau suffiraient à donner une réponse satisfaisante.

J'ajouterai comme complément qu'en ce moment j'ai sous les yeux un individu amputé depuis quatre ans par la méthode circulaire, et chez lequel le moignon, souple et épais, a conservé la grosseur du membre sain. Bien que je ne puisse pas vérifier au scalpel la nature des tissus, je n'élève aucun doute sur la structure cellulo-graisseuse, en raison de l'apparence extérieure.

Concluons donc : 1° Que la conicité des moignons, survenant après la guérison, ne peut être empêchée par la conservation dans les lambeaux de masses musculaires plus ou moins considérables ;

2° Que, dans tous les cas, le tissu musculaire disparaît et peut être remplacé par une masse plus ou moins abondante de tissu cellulo-adipeux ;

3° Que les méthodes opératoires n'ont aucune influence sur ce résultat, lié sans doute à la constitution individuelle.

Nous ne saurions aujourd'hui donner une explication satisfaisante du dépôt ou d'absence de graisse dans les moignons. Peut-être une circonstance favorable à invoquer serait une certaine ampleur dans les téguments. On comprend, en effet, qu'en détruisant toute pression entre l'os et les téguments, on puisse favoriser le dépôt graisseux. Ce n'est là qu'une hypothèse.

Avant de passer outre, je relèverai une erreur échappée à Larrey et soutenue dans ces derniers temps par Lisfranc et M. Baudens ; ce dernier surtout s'imagina qu'en matelassant un moignon de tissu musculaire, on n'aurait pas à craindre après la cicatrisation que les renflements nerveux ne fussent comprimés entre l'os et la cicatrice. *A priori*, cette idée sourit et se comprend bien ; malheureusement, comme tant d'autres, elle est démentie par l'observation, puisque le muscle disparaît.

Après avoir démontré que les téguments peuvent seuls, en raison de leur suffisante longueur, parer à la saillie de l'os, tandis que les muscles sont à peu près aussi impuissants à produire cet effet qu'impropres à y remédier, il nous reste à voir enfin si ces derniers ne jouent pas un rôle essentiel dans la cicatrisation. Je me transporterais à une époque loin de nous, si je combattais cette proposition du travail de Louis : « La peau ne peut servir à la

« cicatrisation qu'autant qu'elle ne dépasse pas le niveau « des chairs. » Mais qu'il me soit permis de faire remarquer pour une dernière fois que l'idée du rôle des muscles dans les amputations dominait tant l'esprit du savant chirurgien, qu'il ne s'aperçut pas qu'il manquait le premier à sa doctrine sur la cicatrisation des plaies avec perte de substance (*Mém. de l'Acad. de chirur.*, t. V, p. 201).

Antagoniste de la régénération des chairs, il s'efforça de démontrer que la cicatrice se produisait par l'attraction centripète de la peau, aidée de l'affaissement des muscles et du tissu cellulaire sous-jacent. Dans une telle croyance, j'avoue qu'il est difficile d'imaginer un rôle plus paradoxal que celui qu'il assignait à la peau dans la cure des plaies, suite d'amputations. Mais laissons-là cette critique et arrivons au côté actuel de la question. Est-il avantageux, oui ou non, pour la cicatrisation de conserver des muscles dans les lambeaux ? Il est bien entendu que nous ne prétendons pas mettre en doute par là la possibilité d'une cicatrice dans le tissu musculaire. Ce fait est aujourd'hui démontré, comme la nature du tissu conjonctif qui la compose. On sait, en effet, que les deux bouts d'un muscle coupé ne se réunissent jamais par la reproduction d'un tissu musculaire de nouvelle formation. La question se réduit à ceci : les muscles dans les lambeaux activent-ils ou retardent-ils l'époque de la cicatrisation ? Ces deux opinions ont trouvé des défenseurs.

1° *Les muscles hâtent l'époque de la cicatrisation.* Cette doctrine a surtout été développée et soutenue par les chirurgiens fauteurs de la réunion immédiate. Ils s'imaginèrent que celle-ci est dans des conditions d'autant plus favorables que des organes similaires sont partout en contact. Richerand, un des premiers qui soutinrent en France ce nouveau mode de réunion des plaies, s'exprime ainsi (*Nosog. chirurg.*, t. IV, p. 500) : « Lorsque l'amputation « a été bien faite et que la surface du moignon figure un « cône creux, au sommet duquel se trouve l'os, l'agglutina- « tion immédiate est plus facile, les muscles se trouvant alors « en contact avec les muscles et le tissu cellulaire du lam- « beau appliqué à lui-même. » C'est également la même idée que laisse percer M. Roux à chaque page de son *Mémoire sur la réunion immédiate.*

D'autres chirurgiens, tels que DELPECH, SERRES (*Traité de la réunion immédiate*), moins frappés de cette pensée de mettre en rapport des parties similaires que d'assurer le contact réciproque des parties sur tous les points, adoptèrent en principe qu'une certaine quantité de muscles s'opposeraient efficacement à la formation d'espaces vides de culs-de-sac dans lesquels pourraient s'accumuler des liquides si contraires à la réunion immédiate. Mais, en regard de cette idée, le dernier auteur a hâte d'ajouter que, lorsqu'un moignon se trouve formé par une grande quantité de parties molles, l'adhésion est en général plus difficile. Voyons maintenant la valeur de ces assertions.

Est-il vrai que le succès de la réunion immédiate est rendu plus probable par le contact de parties similaires? Remarquons d'abord que, si cette condition paraît se réaliser pour certains tissus, elle est loin d'être générale : l'anatomie pathologique ne nous apprend-t-elle pas, comme je le disais tout à l'heure, que le muscle divisé ne se réunit point par un tissu musculaire de nouvelle formation, mais bien par du tissu cellulaire. Les observations nombreuses auxquelles ont donné lieu les progrès récents de l'autoplastie, ont permis d'établir (*Chirurgie plastique*, par JOBERT DE LAMBALLE, p. 33) que les muscles dans les lambeaux ne pouvaient être avantageux qu'autant qu'ils étaient enveloppés de leur fascia, ce qui donne lieu de penser que ce n'est pas par eux-mêmes, mais par le tissu cellulaire d'enveloppe qu'ils peuvent se cicatriser. Enfin, HUNTER (*Œuvres complètes*), SANSON (*Thèse sur les avantages et les inconvénients de la réunion immédiate*), et bien d'autres, ont dressé une sorte d'échelle du degré relatif de rapidité de la cicatrisation des divers tissus, au sommet de laquelle se trouvent la peau et le tissu cellulaire; toutefois, comme l'a prouvé expérimentalement M. JOBERT (*loc. citat.*), lorsque ce dernier n'est pas pris isolément. Que de fois n'a-t-on pas vu, en essayant de la réunion immédiate, la cicatrice cutanée complète, alors que l'espace intermusculaire n'en offrait que peu ou point de traces. J'ajouterai enfin, que les cas rares où j'ai observé la réunion immédiate à la suite des amputations, étaient ceux dans lesquels on n'avait conservé que les téguments. Ainsi, après neuf jours, ce résultat était obtenu dans une amputation de cuisse par la méthode circulaire, dans une amputation de jambe à lambeau interne; et, tout récemment, j'ai pu voir la peau se cicatriser de suite sur la surface sectionnée du tibia dans une amputation pratiquée au quart inférieur de la jambe, tandis qu'une légère mortification atteignait quelques portions musculaires situées sur la face postérieure.

Ces faits démontrent surabondamment pour moi que la réunion immédiate, loin d'être favorisée par le contact réciproque des muscles, se trouve retardée, et que la peau seule suffirait à une guérison plus rapide.

Passons à la seconde raison, donnée par SERRES, que les muscles assurent le succès de la réunion immédiate, en prêtant un contact plus exact sur tous les points. En réfléchissant un instant aux propriétés physiologiques des muscles, on se convaincra aisément que le chirurgien de Montpellier obtenait juste ce qu'il voulait éviter, puisque ceux ci, en se retirant, détruisaient le contact primitivement obtenu. Aussi SANSON (*loc. citat.*) avait-il pressenti ce résultat, lorsqu'il dit (p. 12): « Les muscles, quoique « pénétrés par une grande quantité de sang, sont moins « disposés que la peau à se réunir sans suppuration. Mais « cela tient moins peut-être à leur organisation qu'à la ten- « dance qu'ils ont à se retirer de manière à éluder le con- « tact dans lequel on a cherché à maintenir les surfaces di- « visées. »

Je suis convaincu qu'un certain nombre de réunions immédiates, citées par les auteurs, ont été dues au retrait des muscles, qui a permis alors à la peau de se mettre en contact avec les différents tissus de la section.

Aussi, guidés par ces raisons, ou par d'autres encore, des chirurgiens tels que BRUNNINGHAUSEN (*Erfahrungen, etc., über die Amputationen*) et SOUPPART (*Traité des amputations*) posèrent en principe que dans les amputations on ne devait conserver que la peau. D'autres, ébranlés dans leur conviction primitive, se hasardèrent à dire que la conservation des muscles dans les lambeaux était une question à revoir (VELPEAU, MALGAIGNE). M. VELPEAU (t. II, p. 823), revenant même sur cette idée dans son ouvrage de médecine opératoire, semble se ranger définitivement à cette doctrine dans cette phrase: « Elle seule (la peau)

« même est parfaitement propre à la formation d'une bonne « cicatrice. » Pris à ce point de vue, ce fait me paraît hors de doute par les faits ci-dessus mentionnés.

Depuis qu'une observation plus rigoureuse et mûrie aux leçons de l'expérience a permis d'apprécier plus sagement les avantages et les inconvénients de la réunion immédiate, certains chirurgiens, comme nos savants maîtres de Strasbourg, sont revenus de l'engouement primitif en faveur de la nouvelle méthode, et, sans en nier les avantages réels, lorsqu'elle est applicable, se sont vus forcés de revenir à la réunion immédiate secondaire dans les amputations et quelques autres opérations. Il est intéressant de savoir si la présence de l'élément musculaire est ici favorable; écoutons ce que dit HUNTER (*Œuvres complètes*, t. III, p. 587) : « Quand l'inflammation attaque ce « tissu par suite de plaies, il devient mou, facile à déchirer, « et sa coloration présente diverses nuances de vert, de « brun et de rouge. » Cette citation indique clairement que le tissu musculaire, au contact de l'air, suppure facilement, abondamment, et même se gangrène en raison de sa structure. De telles conditions sont peu avantageuses à la cicatrisation. Ne serait-ce pas à cette circonstance qu'il faudrait rattacher la durée plus grande de la période de cicatrisation dans les amputations de jambe comparées à celles de la cuisse, ainsi que l'aspect grisâtre, blafard que prend quelquefois le lambeau externe dans les premières exécutées par le procédé de M. SÉDILLOT (Voy. à ce sujet, *Gazette médicale de Strasbourg*, 1850-1852).

On sait que cet habile chirurgien taille en général le lambeau par ponction, et qu'il se trouve ainsi formé d'une grande quantité de parties musculaires impropres à se rétracter en raison de leur adhérence intime avec l'aponévrose. Il serait facile de juger définitivement le point litigieux en faisant comparativement un certain nombre d'amputations à lambeau externe exclusivement formé par les téguments.

Je conclus donc de cet examen : 1° que les muscles dans les lambeaux, suite d'amputations, nuisent plutôt qu'ils ne servent à la réunion immédiate ; 2° qu'il est infiniment probable, sinon certain, que leur effet est le même sur la réunion immédiate secondaire.

A ces conclusions toutefois je m'empresse d'ajouter que dans certaines circonstances les muscles peuvent être utiles dans les lambeaux. On sait, en effet, que, pour se rendre à la peau, les artères traversent le système musculaire. Il existe donc au point de vue de la nutrition une certaine solidarité entre ces parties ; il ne serait pas impossible que, privée dans une trop grande étendue du système musculaire, la peau, malgré ses nombreux capillaires anastomotiques, ne reçût pas une quantité de sang suffisante et se mortifiât. Je pourrais citer des faits cliniques d'accord avec ces données anatomo-physiologiques. C'est un accident fréquent dans la désarticulation fémoro-tibiale, par exemple, où l'on est obligé de disséquer une longueur assez considérable de téguments isolés et assez minces.

Ne peut-on pas tirer de là cette conclusion générale qu'il y aura avantage à conserver des muscles dans les lambeaux, lorsque certaines conditions locales ou générales de l'individu laisseraient craindre un affaiblissement dans la nutrition des tissus.

En soumettant le rôle des muscles à une appréciation rigoureuse, on est loin d'arriver aux résultats formulés dans le mémoire de Louis, et répétés plus ou moins complétement dans tous les ouvrages classiques. Et ce qui précède me mène logiquement aux conclusions générales suivantes :

1° La rétractilité du tissu musculaire, prise pour guide du manuel opératoire des amputations, ne peut conduire qu'à des résultats incertains et incomplets.

2° La saillie des os après les amputations est exceptionnellement aidée par la rétraction musculaire et dans de faibles limites. Elle dépend toujours d'une insuffisance de longueur des téguments. Elle ne saurait être évitée par les modes d'incision des muscles.

3° La conicité du moignon après la guérison ne saurait non plus être prévenu par les modes d'incision des muscles. Les méthodes opératoires sont également impuissantes contre ce résultat.

4° La présence des muscles dans les lambeaux est plutôt nuisible qu'utile d'une manière générale aux différents modes de réunion des plaies. Leur utilité ne saurait être soutenue que dans certaines circonstances, lorsque les conditions de nutrition des téguments sont altérées par des causes générales ou locales.

5° Dans le manuel opératoire, c'est sur les téguments que doit se diriger surtout l'attention de l'opérateur.

Si ces conclusions sont exactes, leur plus faible avantage sera d'avoir modifié quelques idées en cours dans la science. Ce serait peu sans doute. Mais, à notre avis, elles ont une portée plus grande. Elles libèrent d'abord la médecine opératoire de ces modes nombreux d'incisions indiqués à satiété par tous les auteurs et destinés à laisser dans les lambeaux une quantité de muscles plus considérable. Et si, comme je l'espère, nous parvenons à établir que la rétractilité de la peau est soumise à quelques règles générales et faciles, j'ai la conviction que l'on verra disparaître les divers procédés indiqués pour les amputations de chaque segment des membres, limitant le tout à cinq méthodes générales que l'on pourra appliquer partout par un même procédé, en les soumettant à des mesures exactes et fidèles. Ainsi pourra se réduire à de minimes proportions une partie de la médecine opératoire, dont l'étude, aujourd'hui si compliquée, désespère la mémoire du maître et de l'élève. C'est ce que je me propose de démontrer dans un prochain mémoire.

www.ingramcontent.com/pod-product-compliance
Ingram Content Group UK Ltd.
Pitfield, Milton Keynes, MK11 3LW, UK
UKHW020447220726
13923UKWH00005B/2388